Exposé

d'me

Méthode Nouvelle

de

Musique vocale élémentaire et de chant en chœur.

par

Mr. Hipp.te Dessirier.

Lith. Villain, r. de Sèvres 19.

Vm

1845

Division de l'ouvrage.

Cet écrit a pour but de faire connaître deux choses :

1°— Les défauts des méthodes de musique vocale employées de nos jours.

2°— Les avantages de celle que nous présentons.

Notre travail est divisé en trois parties précédées d'un chapitre préliminaire. Ce chapitre initial contient une critique rapide des procédés actuels d'enseignement, considérés sous le double rapport : de l'intonation et de la mesure.

Première Partie.— Historique— Sous ce titre, nous faisons connaître par quelles déductions de principes nous sommes arrivés à la découverte des procédés que nous exposons ; et à quel temps remonte l'idée première de nos moyens d'enseignement.

Deuxième Partie.— De l'Intonation. —

Chapitre I.er — Procédés. Enseignement. —
Section I.re — Air type universel.
Section II.me — Application au genre Diatonique.
Section III.me — Application à la dictée des Sons.
Section IV.me — Application aux Modulations.
Section V.me — Application au genre Chromatique.
Section VI.me — Application au genre Enharmonique.
Chapitre II.me — Conclusion. —

Troisième Partie.— De la Mesure —

Chapitre I.er — Procédés. Enseignement. —
Section I.re — Application aux mesures à division binaire.
Section II.me — Application aux mesures à division ternaire.
Section III.me — Application à la dictée des durées.
Chapitre II — Conclusion.

Exposé
d'une
Méthode Nouvelle
de
Musique vocale et de chant en chœur.

par
Philipp: Dessirier.

Chapitre Préliminaire.

Critique de la plupart des méthodes suivies jusqu'à ce jour.

1. Les éléments radicaux de l'art musical étant le son et la durée ; nous croirons avoir fait une critique suffisante, lorsque nous aurons précisé dans notre impartiale investigation, les erreurs et les lacunes que chaque théoricien aura commises dans ces deux principes essentiels de l'enseignement :

— De l'enseignement musical sous le rapport des Sons. —

2. Un premier examen fait connaître que toutes les méthodes procèdent à l'enseignement de l'intonation par l'étude des intervalles, c'est à dire : par l'appréciation vocale et auriculaire des distances qui séparent les sons.

3. Sans examiner encore si ce procédé constamment suivi est bien le meilleur, nous allons dès à présent, faire ressortir en donnant un apperçu de l'énorme quantité des intervalles qui existent ; la difficulté de les apprendre tous.

4. Les seules combinaisons ascendantes et descendantes des notes d'une même gamme, et sans autres signes d'altérations que ceux qui sont à la clé, s'élèvent environ au nombre de cent, ce qui, pour les trente gammes tant majeures que mineures, porte les intervalles à étudier au nombre de trois mille à peu près. Remarquons cependant que nous négligeons de faire entrer dans ce nombre déjà si élevé, tous les intervalles insolites ou formés par des altérations accidentelles, comme secondes, quintes et sixtes augmentées ; tierces, quartes et septièmes diminuées ; tous les intervalles chromatiques ; et enfin toutes les transitions enharmoniques.

5. Si on nous observe que de nombreuses identités existent parmi ces intervalles, nous demanderons si les méthodes connues s'appliquent suffisamment à les faire remarquer ; et si, dans l'enseignement tel qu'il est, on sait bien habilement profiter de cette heureuse disposition des choses, qui permettrait si facilement de les faire mieux comprendre et plus vite retenir.

6. Qu'il nous soit permis de faire connaître ici l'inconcevable erreur dans laquelle sont tombés tous les auteurs qui se sont occupés de l'enseignement de la musique vocale élémentaire.

Le plus grand nombre atteste : que tous les intervalles de même nom : secondes ou tierces &c. et de même genre; majeur ou mineur; sont synonymes d'effet musical parce qu'ils sont d'égale grandeur; et tous les autres laissent supposer qu'ils ont la même opinion. Cependant cette hypothèse, qui semble être démontrée théoriquement, n'est que spécieuse : la pratique et l'oreille le prouve. En effet, s'il est vrai : que

l'intervalle 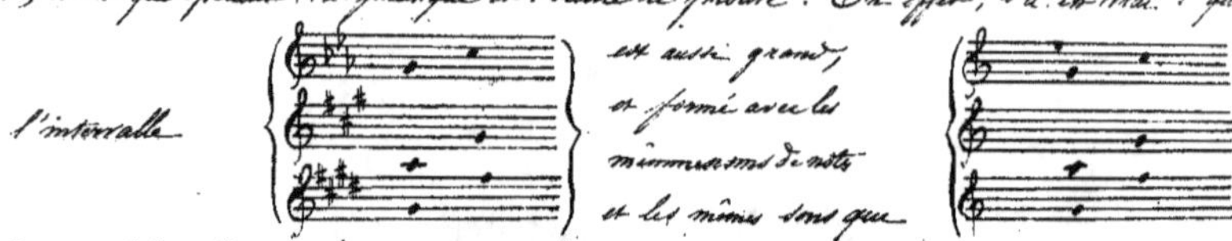 est aussi grand, et formé avec les mêmes sons de note et les mêmes sons que

il ne faut point déduire de ce fait purement théorique, qu'en principe ils sont identiquement les mêmes dans la pratique; puisque toute personne possédant quelques notions de musique vocale sait parfaitement que

l'intervalle 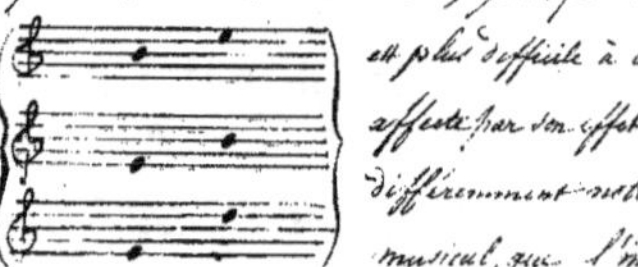 est plus difficile à chanter et affecte par son effet tonal tout différemment notre sens musical, que l'intervalle

7. De plus : les intervalles de même espèce, et pris dans la même gamme, n'ont pas plus de synonymie dans leur effet tonal, que ceux que nous venons de citer, puisqu'en DO majeur par ex :

l'intervalle  est plus difficile à chanter et affecte par son effet tonal tout différemment notre sens musical, que l'intervalle

8. D'où nous concluerons : qu'il est aussi peu logique d'affirmer qu'il y a parité entre les intervalles que nous venons de comparer, qu'il serait déraisonnable de soutenir : que les mots son, (pronom) son, (musical) et son (partie la plus grossière du blé moulu) sont synonymes, parceque tous trois ont la même consonnance et que tous trois se composent identiquement des mêmes lettres.

Nous ne reconnaissons, quant à nous, pour identiques, que les intervalles formés avec des notes dont la propriété tonale est la même, &a :

Intervalles identiques. parcequ'ils produisent tous sur notre sens musical, un effet tonal exactement analogue.

9. Mais cette dernière manière de voir ne peut être utilisée par les procédés généralement adoptés; aussi, au lieu de s'y conformer, on a préféré mettre hors de cause le jugement de l'oreille, et forcer la nature pour la faire entrer dans le cadre d'enseignement dans lequel on s'est renfermé. On comprend dès-lors facilement, combien une semblable manière de procéder a dû nécessairement jeter de perturbation dans les idées, et influer vicieusement sur le système entier des études vocales.

10. Maintenant que nous connaissons approximativement l'étendue des difficultés à vaincre; et la manière dont on les envisage; étudions les procédés particuliers qu'on a employé pour les surmonter et voyons si ces moyens sont suffisants pour arriver au but qu'on se propose.

Moyens employés de nos jours pour enseigner l'intonation.

11. Les méthodes généralement suivies emploient quatre procédés principaux pour faire étudier l'intonation, savoir :

1° — Par l'étude des gammes diatoniques majeures ou mineures.
2° — Par l'étude des progressions.

3°— Par l'étude des sept positions de clés, permettant de ramener
tout morceau et même toute modulation à l'un des deux tons :
DO majeur ou LA mineur uniquement étudiés.

4°— En faisant apprendre par cœur un certain nombre d'airs,
dont les deux notes initiales servent de type spécial à un
intervalle particulier.

12. 1°— Étude de l'intonation par les gammes diatoniques — Lorsque les élèves ont chanté toutes les gammes diatoniques on les exerce à franchir les divers intervalles, en leur faisant parcourir diatoniquement toutes les notes qui séparent deux sons formant intervalle ; exemple : Pour trouver en DO majeur la sixte DO LA on fait chanter les notes successives DO ré mi fa sol LA. Pour trouver la quinte SI MI on chante SI la sol fa MI.

13. Comme on le voit, l'élève est forcé, par ce moyen, de mettre plus de temps pour trouver un grand intervalle, qu'un petit ; car ici la durée de temps employée à la recherche d'un intervalle, est évidemment en raison directe de sa grandeur... Mais lorsqu'il y a modulation la difficulté est bien plus grande ; en effet :

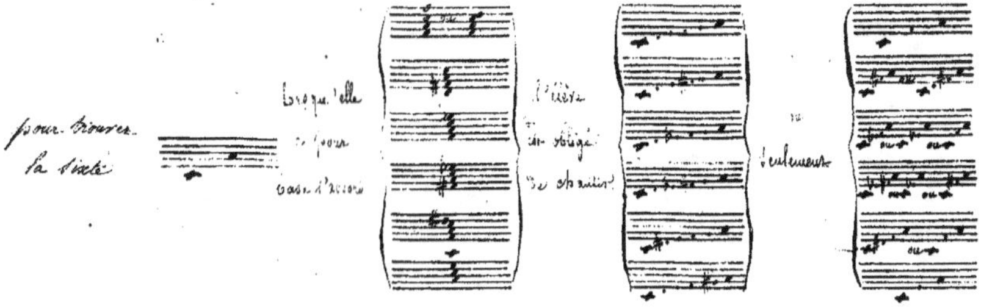

ici, dans ces méthodes, on recommande aussi de chercher les intervalles plus grands que la quarte, en parcourant en tout ou en partie les notes de l'accord dont ils font partie intégrante. Or, comme il est impossible d'admettre qu'un élève puisse avoir assez de discernement pour qu'il sache dans chacun de ces cas particuliers, choisir la version convenable, il est évident, qu'ici la difficulté est insurmontable.

14. D'ailleurs, cette méthode comme toutes celles que l'on emploie de nos jours, faisant reposer l'étude de l'intonation sur l'appréciation successive de toutes les distances qui séparent les notes d'un morceau ; on conçoit que chaque son, dépendant de celui qui le précède, sitôt qu'une note fausse est acceptée pour juste, elle devient inévitablement une source d'erreurs successives, qui ne peuvent avoir d'autre terme que la fin même du morceau ; à moins que, par un heureux hasard, une faute de calcul ne vienne remettre l'élève, à son insu, dans le ton normal.

15. 2°— Étude de l'intonation par les progressions — Comme on le sait, la progression est un genre d'exercice qui consiste à répéter successivement à partir de toutes les notes d'une gamme, le même intervalle, soit tierce, soit quarte etc.

16. Leur exécution est si facile, ou plutôt si routinière et machinale, qu'une personne même non musicienne, peut, avec de l'oreille et après qu'on l'a mise sur la voie en lui faisant entendre les deux ou trois premiers sons de l'une d'elles, la continuer jusqu'à l'octave, pourvu qu'on lui mette sous les yeux le nom des notes qu'elle doit prononcer : Cette exécution machinale, dont on ne peut d'ailleurs tirer aucun parti, indique assez que l'élève n'a nullement conscience de l'effet particulier de chacun des intervalles que sa voix parcourt, parceque son oreille a bien moins le sentiment des distances qui sont franchies, que des deux gammes à notes alternantes qui constituent chaque progression. Ex :

double gamme 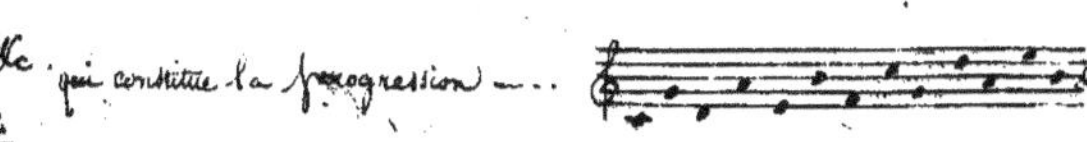 &c qui constitue la progression —

17. Ensuite il est une chose que l'on ne saurait expliquer, c'est qu'aucune des méthodes qui se servent des progressions comme moyen d'intonation, ne les ont adaptées à la tonalité mineure. Pourquoi donc, si le moyen était bon ne point en avoir généralisé l'emploi en l'étendant aux deux modes ? Serait-ce à cause de la difficulté d'exécution qu'offriraient certains intervalles tels que : secondes et quintes augmentées ; quartes et septièmes diminuées, que comporte le mode mineur ? Cependant puisque tous ces intervalles existent il faut nécessairement les étudier, soit par un procédé, soit par un autre ; et pourtant, chose mémorable, ces méthodes semblent fort peu se soucier de l'immense lacune qu'elles laissent en cet endroit ; à moins qu'elles ne pensent la combler au moyen du premier procédé (14.) que nous venons de critiquer, ce nous semble, avec toute justice.

Il y a plus : beaucoup de méthodes ne présentent les progressions que dans un seul ton : celui de DO majeur ; comme si ces exercices répétés dans ce ton unique pouraient suffire à enseigner également et aussi bien, tous les intervalles des tons transposés.

Nous pensons en avoir assez dit pour prouver que le système des progressions, tant par ses énormes lacunes, que par son impuissance, est tout-à-fait insuffisant pour enseigner l'intonation.

18. 3°— Enseignement de l'intonation par l'étude des sept positions de clés ; permettant de ramener par la transposition à vue, tout morceau et même toute modulation, aux tons de DO majeur ou de LA mineur, exclusivement étudiés — Nous arrivons à une ingénieuse et célèbre méthode, qui, incontestablement est l'une des meilleures qui existent ; nous voulons parler de la méthode dite du Méloplaste ; par laquelle Galin, son auteur, pensa soustraire à l'étude, l'une de ses difficultés la plus grande : celle d'apprendre à chanter dans tous les tons constitués avec des signes d'altérations.

19. Pour parvenir à ce but, ce théoricien a imaginé de faire apprendre à chanter à la baguette, sur une large portée vide, exclusivement en DO majeur et en LA mineur, mais sur les sept positions de clés qu'un exercice fréquent doit rendre aussi familières l'une que l'autre. Ce résultat une fois obtenu, il est facile de faire disparaître les signes d'altérations qui constituent l'armure de la clé du morceau que l'on veut chanter ; il suffit pour cela de substituer à la tonique réelle, la tonique fictive de DO majeur, lorsque le morceau est majeur ; ou la tonique fictive de LA mineur, lorsque le morceau est mineur.

Cette opération se fait en supposant par la pensée la position de clé nécessaire pour effectuer cette transposition à vue ; par ex :

Nota. On comprend que les toniques DO majeur et LA mineur doivent être prises à l'unisson des toniques réelles qu'elles remplacent.

20. Quant aux modulations qui se présentent dans le cours des morceaux, voici les deux règles à suivre :

Première règle — Si la modulation est majeure, il faut lire sur la clé qui donne le nom de DO à la nouvelle tonique.

Deuxième règle — Si la modulation est mineure, il faut lire sur la clé qui donne le nom de LA à la nouvelle tonique.

21. Pour compléter l'exposition de cette méthode nous ajouterons : que son auteur ainsi que plusieurs de ses disciples, enseignèrent et enseignent-encore en substituant-aux noms des

notes DO, RE, MI, FA, SOL, LA, SI.

les chiffres 1, 2, 3, 4, 5, 6, 7.

qui semblent avoir sur les noms des notes le double avantage d'indiquer numériquement : et les distances qui séparent les sons, et le rang qu'occupe telle ou telle note dans la gamme.

22. On conçoit que n'ayant que deux tons à étudier, les élèves puissent, n'importe par quel moyen, assez vite : apprendre à les connaître ; aussi n'en parlons-nous que pour faire observer : que reposant, comme tous les autres systèmes, sur l'appréciation des sons par les intervalles, ces procédés ont pour principal défaut ; celui que nous avons signalé plus haut = (§ 14).

23. Cependant, si d'un côté l'on semble gagner du temps à n'étudier que deux tons au lieu de trente, de l'autre on en perd évidemment-beaucoup à être forcé d'apprendre sept positions de clés au lieu de deux : la clé de SOL et la clé de FA. Car pour dire ici toute notre pensée, nous considérons la connaissance des sept-positions de clés comme tout-à-fait superflue dans un enseignement populaire, et presque comme inutile ou de luxe dans une école supérieure.

Elles est superflue dans l'enseignement populaire, parce que l'on n'y doit donner que les connaissances élémentaires indispensables.

Elle est presque inutile et doit être considéré comme étant de luxe dans un enseignement supérieur ; c'est-à-dire où l'on ne veut point préparer les élèves aux études transcendantes de l'harmonie et de la composition, puisque toute la musique moderne de chant ainsi que la musique ancienne réimprimée, est gravée sur la clé de SOL et la clé de FA seulement.

24. D'ailleurs ce système de transposition ne conduit point assez directement à la connaissance de la musique telle qu'elle est écrite pour la plupart des instruments, c'est-à-dire avec tout l'attirail des dièses et des bémols ; et cependant la plupart des élèves n'apprennent le solfège, que pour pouvoir aussi plus tard se livrer à l'étude d'un instrument avec plus de facilité.

25. Et que l'on ne vienne point objecter que les clés sont nécessaires à celui qui veut transposer à vue sur le piano, car pour la musique compliquée — et quelle est aujourd'hui celle qui ne l'est pas pour cet instrument ? — on arrive à transposer plutôt par une certaine habitude que l'on acquiert dans l'appréciation des accords par leur physionomie, c'est-à-dire par la position relative des notes qui les composent, que par la lecture des clés ; et pour preuve de ce que nous avançons, nous demandons : s'il a jamais existé un seul musicien qui ait pu lire sur toutes les clés avec l'épouvantable dédale des lignes additionnelles que l'on emploie si souvent dans la musique de-piano.

Voilà les raisons principales qui nous font regarder l'enseignement des clés, — enseignement suranné, long, difficile et surtout ennuyeux — comme ne valant ni la peine qu'il donne, ni le temps qu'il fait-perdre.

26. La plus grande difficulté de cette méthode est l'application constante de la transposition, c'est-à-dire la substitution souvent réitérée d'une clé à une autre dans les morceaux où les modulations sont un peu fréquentes et surtout étrangères à l' Nous ne comprenons pas comment cette permutation continuelle de clés, peut être faite simultanément par tous les élèves à la fois dans l'exécution à première vue d'un morceau d'ensemble, surtout lorsqu'il n'est point chanté sur la partition ; car les notes transitionnelles de toute espèce de modulation, étant des dissonances qui ne doivent jamais être doublées, ne peuvent avertir par leur présence, que les chanteurs qui les possèdent dans leurs parties ; tout en laissant le reste des chanteurs dans la plus parfaite ignorance de ce qui passe ou va se passer.

27. Ensuite, on comprend aisément combien un élève qui étudie un instrument tel que le violon, le piano &c. en sortant du Méloplaste, doit se trouver dépaysé d'entendre DO, RE, MI, FA♯ SOL♭, LA♭ &c. sonner tour à tour tantôt comme tonique, tantôt comme sensible &c. quand on les a continuellement habitué à voir et à entendre représenter la tonique exclusivement par DO ou LA; la sensible par SI ou SOL♯ &c.&c.

28. Quant aux chiffres employés pour la représentation des notes, nous dirons qu'ils sont privés d'un avantage immense dont jouissent celles-ci; c'est celui de ne pouvoir montrer à l'œil le mouvement ascendant et descendant des sons, ainsi que la distance approximative qui les sépare; Mais, comme ils le sont, sur une ligne horizontale. Nous allons d'ailleurs faire connaître l'opinion de Mr Fétis à leur égard; étant persuadés que sa manière de voir aura le plus grand poids.

« Le défaut radical de la méthode du Méloplaste ainsi que du système de Galin (voir la Revue ou Gazette musicale année 1839 n° 54.) et d'autres du même genre, c'est qu'il faut bien en venir à montrer enfin aux élèves de la musique écrite et chargée de tous ces signes dont on leur a dérobé la connaissance, dont l'usage est pour eux un mystère, et dont l'aspect compliqué n'a plus de rapport avec les idées simples auxquelles ils sont accoutumés.

Alors il se révèle une incontestable vérité: c'est qu'on a appris quelque chose qui peut servir d'introduction à la musique, mais qui n'est pas la musique elle même.

Ces objections et plusieurs autres élevées contre le Méloplaste ont été comprises par les élèves et successeurs de Galin, M.Mrs Aimé Lemoine, Jue, et d'autres qui, en perpétuant l'usage de la méthode de l'inventeur, dans des cours établis à Paris et dans plusieurs villes des départements, y ont introduit diverses modifications. »

29. Enfin, la méthode Galin ne peut s'appliquer à première vue, qu'à des morceaux ne sortant point des bornes étroites des modulations habituelles; et elle nous paraît d'autant moins bonne, qu'elle habitue les élèves à un mécanisme de modulation trop éloigné de celui qu'on est fréquemment obligé d'employer dans la musique instrumentale.

30. 4° — Enseignement de l'intonation par un certain nombre d'airs, dont les deux notes initiales servent de type spécial à un intervalle particulier — Nous touchons à la méthode sinon la meilleure, du moins la plus populaire et la plus généralement adoptée en France pour l'enseignement de la musique élémentaire dans les écoles où le mode mutuel est suivi; nous voulons parler de la méthode Wilhem.

L'auteur de cette méthode a adopté pour l'étude de l'intonation, un procédé que Galin avait imaginé et fait connaître avant lui sans en faire cependant un moyen principal d'enseignement. Ce procédé consiste à faire apprendre par cœur aux élèves une quinzaine d'airs commençant chacun par un intervalle différent, et offrant ainsi dans leurs deux premiers sons, un type spécial propre à enseigner l'intonation d'un intervalle particulier. Mais laissons à l'auteur lui même, le soin d'expliquer son procédé.

« On devra citer souvent et rappeler aux élèves le début de certains airs comme types ou modèles de l'intonation des intervalles; tels sont: Du chêne jeune encore

pour la seconde majeure; Craignez que le trouble et les larmes

pour la seconde mineure; Mon fils les soins d'autrui

pour la tierce majeure &c. L'utilité de la citation de ces types est incontestable pour aider à former telle ou telle intonation à partir d'une note quelconque; ainsi quel que soit le degré d'élévation d'un son, chantez: Craignez, et vous entonnerez la seconde mineure; chantez: Du chêne, vous entonnerez la seconde majeure; chantez: Mon fils, ce sera la tierce majeure &c.

Exemples. A partir du SOL, chantez: Du chêne jeune encor (ce sera SOL — LA SOL — LA). — Chantez: Craignez que le trouble (ce sera SOL — LA♭ SOL — LA♭). — A partir de MI, chantez: Craignez que le trouble &c. (ce sera MI — FA, MI — FA). — A partir d'UT: Craignez (DO — RE♭). — Du chêne (DO — RE♮). — A partir de LA: Du chêne (LA — SI). Craignez (LA — SI♭). &c.. »

31. Il suit de ce que l'auteur vient de nous faire connaître ; que l'élève qui voudrait appliquer ce moyen pour se rendre compte de chaque intervalle de l'exercice suivant :

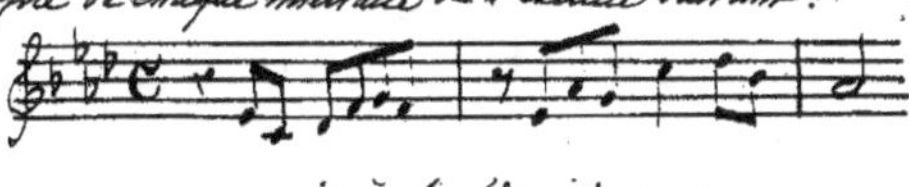

aurait à procéder ainsi :

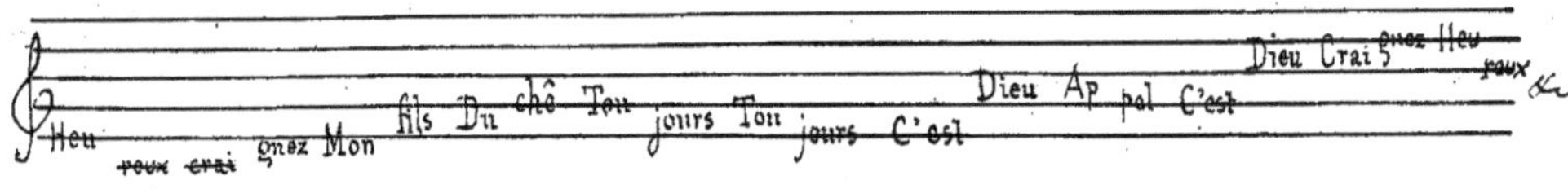

Nota. Voici ceux de ces types qui n'ont point été cités précédemment.

Il est visible qu'en poussant l'emploi de ce principe jusque là, il touche à l'impossible, puisque pour pouvoir apprécier chaque intervalle de cette manière il faudrait que l'élève pût reconnaître chaque distance d'abord, puis qu'il trouva ensuite les deux syllabes qui lui ont été assignées comme types ; c'est-à-dire qu'il faudrait qu'il fît instantanément deux opérations de l'esprit, ce que raisonnablement on ne peut admettre. Aussi devons-nous promptement ajouter : que jamais dans son ouvrage, l'auteur de cette méthode n'a laissé supposer que ses types pussent être employés de cette sorte.

32. Mais alors nous demandons comment Mᵉ Wilhem a pensé faire vaincre dans une lecture à première vue, les passages pourtant fort nombreux qui renferment plusieurs intervalles successifs d'une intonation difficile ? Serait-ce par les progressions que l'on étudie aussi dans cette méthode ? On ne peut le supposer ; car dans cette hypothèse, à quoi donc servirait tout cet échafaudage de types d'intervalles ? Or, comme on chercherait vainement dans ce système, d'autres procédés d'intonation, on est forcé de reconnaître avec nous : qu'ici cette méthode manque de puissance.

Maintenant voyons, puisque l'application de ces types ne peut être que locale et isolée, à quelles conséquences enfin, peut conduire leur emploi.

33. Ici nous allons constater comme inhérent à la nature de ces types, un vice radical bien autrement grave que le défaut de généralisation que nous venons de lui reprocher.

Supposons qu'en chantant l'exercice précédent, l'élève hésite pour attaquer la quatrième note (FA) ; de suite, recourant à la méthode ; après avoir supputé l'intervalle (tierce majeure ascendante), il applique à partir de RE, Mon fils [Mon fils tes soins d'au-trui] Qu'arrive-t-il alors ? Que l'air : Mon fils, commençant évidemment par les deux sons : tonique et médiante, communique aux deux notes RE♭—FA, ces propriétés tonales mêmes ; de sorte que ces notes qui devraient conserver leur propriété inviolable de Sous-Dominante et de Sus-Dominante, prennent par le fait, celle de tonique et de médiante qui ne leur convient point ; l'élève prend forcément l'impression du ton de RE♭ majeur ; il module mal-à-propos ; et enfin, il perd le ton en cherchant à y rester par un moyen irrationnel. Ce que nous venons d'affirmer est si vrai, que l'élève qui aura chanté RE♭—FA par le type : Mon fils, chantera infailliblement le SOL suivant non comme note sensible, mais comme SOL♭ Sous-Dominante du ton de RE♭ ; c'est-à-dire un demi-ton trop bas. De même en appliquant le type : C'est Dieu [C'est Dieu qui fit le monde] pour trouver SOL—DO

9ième et 10me note, l'élève chanterait inévitablement le RE qui suit, non comme RE♭ Sous-dominante, mais au contraire comme RE♮, Sus-tonique de DO majeur ; ton dans lequel se trouverait
jeté le chanteur par l'emploi du type C'est Dieu — Dominante., tonique. —

34. Après ce défaut capital nous pourrions nous dispenser d'en citer encore, cependant pour être complet nous ajouterons : 1° — Qu'un air ne peut commencer ni par la Sous-
Dominante, ni par la note sensible. 2° — Que l'intervalle de septième majeure et mineure, ascendante
et descendante, et enfin tous les intervalles augmentés et diminués, ne sont point assez chantants pour être
placés au début d'un air ; et que pour cette raison, Mr Wilhem n'a pu généraliser l'emploi de son procédé d'intonation en l'appliquant au système complet des intervalles ; de sorte
que pour tous ceux que nous venons de nommer, il est resté dans sa méthode une lacune d'autant plus sensible, que ces intervalles sont précisément les plus difficiles à chanter.

35. D'après cela, nous devons concevoir que les progrès que les élèves peuvent faire dans cette
méthode, doivent être plutôt attribués à la clarté qui règne dans une grande partie de l'exposition
théorique, au choix judicieux et à la classification progressive des exercices vocaux qui leur sont
offerts, qu'aux procédés propres qui y sont employés pour l'intonation, puisque, ainsi que
nous venons de le voir, leur application tend à étouffer le sentiment de l'oreille, plutôt qu'il ne
sert à le diriger.

Il résulte de l'analyse à laquelle nous venons de nous livrer : que les procédés qu'emploie la méthode Wilhem, sont mal choisis, en ce sens qu'ils sont d'une application trop
peu rapide ; d'une application trop restreinte ; et enfin, d'une application trompeuse puisqu'elle conduit à la perte du sentiment de la tonalité.

36. **Résumé général** — L'étude de l'intonation par l'appréciation des intervalles est la source
première et unique d'où découlent les principaux vices des méthodes qui existent.

Sept de ces vices inhérents à la nature des procédés employés pour enseigner l'intonation,
sont communs à toutes les méthodes qui existent.

Premier Vice. — Difficulté et lenteur d'application des moyens connus.

Deuxième Vice. — Leur impuissance

Troisième Vice. — Leur défaut de généralisation.

Quatrième Vice. — La dépendance solidaire de toutes les notes d'un morceau. Ce vice est
lui même la source radicale d'erreurs successives et indéfinies, dérivées
d'une première faute ; et de l'impossibilité de retour à la tonalité
perdue, autrement que par l'oreille, le souvenir, ou le hasard.

Cinquième Vice. — La Diminution rapide de l'habileté d'exécution en cas de cessation
d'exercice.

Sixième Vice. — Le manque de Contrôle ou de points de Comparaisons pour vérifier
la justesse des sons.

Septième Vice. — Leur aridité qui inspire tant d'ennui et de découragement qu'ils
rebutent les sept huitièmes des commençants.

— De l'enseignement musical sous le rapport des durées. —

37. La première méthode qui, en France sépare l'étude de la mesure de celle de l'intonation, fut
la méthode Galin. Son ingénieux auteur, pour faire étudier les durées présentait, ainsi que le
font encore ses meilleurs disciples : MM Aimé Paris, Jue, E. Chevé &c. en ou plusieurs ta-
bleaux offrant dans un ordre progressif les combinaisons de valeurs les plus usitées.

38. Pour lire ces exercices, Galin faisait prononcer des chiffres qui indiquaient les décompositions des temps. Plus tard Mr Aimé Paris remplaça ces chiffres par des syllabes, qui, claires ou sourdes radicales ou dérivées, indiquent de plus que les chiffres, les notes fortes et faibles des temps décomposés, et la souche d'où dérive chaque subdivision.

39. Voici quelques exemples tirés de la méthode nouvelle de Mr E. Chevé qui a adopté dans ses cours le système de Mr A. Paris. Nous avons placé sous les notes, les chiffres de Galin et les syllabes de Mr Paris ; on pourra donc facilement apprécier la valeur de chacun de ces moyens

1 1 1 1 — 1 2 1 2 1 2 1 2 — 1 2 3 4 1 2 3 4 — 1 2 3 4 5 6 7 8

ta, ta, ta, ta, — ta té, ta té, ta té, ta té, — ta fa té fé, ta fa té fé, — ta za fa na te zé fé né,

1 2 3 1 2 3 — 1 2 3 4 5 6 1 2 3 4 5 6

ta té ti, ta té ti, — ta fa té fé ti fi, ta fa té fé ti fi, — ta ra la té ré lé ti ri li, ta ra la té ré lé ti ri li,

1 1 2 2 — 1 3 4 2 3 — 1 4 2 4 — 1 2 4 4

ta chou, ta té, chou té, chou, — ta a té fé, a fa té é, — ta chou fé, chou fa chou fé, — ta fa chou fé, chou u u fé,

40. — Les plus grands reproches que nous semblent mériter ces deux systèmes : c'est qu'ils sont tous deux trop compliqué ; celui de Mr Paris surtout ; et que, de même que tous ceux qui ont parus jusqu'ici, ils laissent dans l'oreille le sentiment de l'isolement des temps ; c'est-à-dire : de leur contiguité sans adhérence, sans enjambement.

Ce dernier reproche ne pourra être compris et ne paraîtra mérité, que lorsque nous aurons fait connaître notre nouveau procédé de mesure, ainsi que l'exposition logique des faits qui en ont amené la découverte. On saura alors : que si la mesure a toujours paru si difficile, c'est parceque l'on employait pour l'enseigner, des procédés absolument contre-nature ; c'est-à-dire : plutôt capables de fausser le sentiment inné du rhythme, que susceptibles de le développer.

Après avoir signalé sommairement les défauts des méthodes actuelles, nous allons faire connaître le système rationnel par lequel nous pensons avoir évité tous les écueils qu'ont rencontré nos devanciers.

Exposé
d'une
Méthode nouvelle
de
Musique vocale élémentaire et de Chant en Chœur.

Première Partie.
Historique.

41. Il est curieux, en consultant les annales du moyen-âge, de voir que Guy d'Arezzo, ce moine novateur si justement célèbre, dût sa haute renommée peut-être autant à la création d'un système d'enseignement pour le chant d'église, qu'aux importantes réformations qu'il apporta dans la partie théorique de l'art musical. En effet, il est prouvé par des documents irrécusables, que ce moine aurait trouvé de l'utilité à choisir la première strophe de l'hymne de St Jean Baptiste: Ut que=ant laxis, &c pour en extraire l'alphabet musical, non-seulement parceque chaque vers commençait par une syllabe différente, mais encore parce que le son spécial de chacune d'elles se trouvait dans l'air de l'hymne, mnémonisé par la phrase mélodique à laquelle elle était attachée; et que ce système de phrases diverses fournissait ainsi naturellement, pour chacun des six sons: UT, RE, MI, FA, SOL, LA, une véritable formule ou 'étiquette tonale propre à faire connaître et trouver l'intonation.

Telle était l'ingénieuse méthode que Guy avait inventée; et au moyen de laquelle il enseignait le chant ecclésiastique.

Mais comme nous ne saurions mieux faire connaître ce fait historique qu'en rapportant un fragment d'article publié dans la revue et gazette musicale (année 1839 N°152.) par l'un de nos plus savant théoricien: Mr F. Danjou, nous allons citer textuellement ce passage.

42. "Rien ne prouve mieux la popularité du chant d'église à cette époque — fin du XIe Siècle — que le moyen ingénieux inventé par Guy d'Arezzo pour faciliter et simplifier l'étude de la musique:

"Tout le monde savait le chant de l'hymne de St Jean: Ut queant laxis; chaque vers de la première strophe commençant par une note différente et formant les Six notes: UT, RE, MI, FA, SOL, LA, qui composaient l'échelle diatonique, Guy d'Arezzo imagina de donner à chaque note un nom qui fut la syllabe même qu'on prononçait.

"Ce moyen si simple rendit l'étude de la musique beaucoup plus facile; car pour émettre le son que représentait chacune de ces syllabes, il suffisait de se rappeler le chant de l'hymne.

"Après huit siècles de progrès on n'a pas encore imaginé un procédé meilleur que celui du moine de Pompose; seulement la mélodie de Ut queant laxis, a été changée et a cessé d'être chantée par tout le peuple, et on est obligé de faire du chant même de la gamme, l'objet préliminaire de l'art musical.

"Le chant d'église a donc été populaire pendant tout le moyen-âge, et c'est ce qui explique les effets extraordinaires qu'il produisait, l'enthousiasme qu'il excitait, et l'intérêt qu'il inspirait aux hommes les plus éminents, aux esprits les plus élevés qui ne dédaignaient pas d'en étudier et d'en enseigner les règles. »

43. Guy est donc bien par le fait l'auteur de la gamme actuelle, et cependant il s'étonnerait sans doute de ce résultat si loin de sa pensée, si contraire au principe sur lequel elle repose, s'il pouvait voir et le peu de progrès que nous avons fait depuis lui, et la manière dont nous avons dénaturé sa belle conception ; car nous démontrerons plus tard, tout le brillant parti que l'on aurait pu tirer de ce principe si fécond.

44. Quoi qu'il en soit Guy d'Arezzo avait trouvé avant nous le type musical, pierre fondamentale de son œuvre, base de toute la science. Soit pour le mettre à la portée du plus grand nombre, soit pour le rendre populaire, soit hasard, soit profonde combinaison, il choisit cette hymne dont chacun alors connaissait le chant ; de cette manière tout chrétien de cette époque, avait avec lui sa pierre de touche qui lui servait à reconnaître, à apprécier tous les sons musicaux.

45. - Ce moyen si facile, si populaire, qu'est-il devenu ? — et que s'est-il passé depuis ? — L'habitude où l'on était de n'employer que la première syllabe de chaque vers de cette hymne, fit négliger les autres ; puis l'application journalière des UT et des RE à de nouveaux chants, fit oublier par la suite le point de départ, l'air de la phrase modèle, et chose incroyable ! le chant si célèbre de cette hymne fameuse, finit par se perdre entièrement et l'on ne connut plus enfin l'ingénieux procédé de solmisation employé dans le temps.

Les syllabes représentant les notes nous restèrent, il est vrai ; mais comme une énigme dont on a perdu le mot ; comme des mots sans pensée, sans ordre et sans union ; c'est-à-dire : ainsi qu'un corps sans âme, un véritable squelette.

46. Ainsi, malgré que l'on ne connut plus l'utilité de leur origine, on conserva donc néanmoins généralement les noms que Guido avait donné aux notes ; seulement, et comme conséquence de la perte de sa doctrine, on dut imaginer de nouvelles méthodes.

Elles ne faillirent point, surtout par le nombre ; mais combien il y avait loin de toutes ces inventions à la lumineuse méthode du moine Arétin ! Pour en donner une idée, nous allons citer un passage écrit par le profond didacticien Mr. J. Fétis, et extrait d'un article publié dans la revue et gazette musicale (année 1839 n° 54) intitulé : De l'introduction de la musique dans l'instruction primaire — Du choix d'une méthode d'enseignement.

47. « Vers la fin du XIème siècle, une singulière méthode de solmisation, généralement attribuée à un moine nommé Guido, s'était introduite dans l'enseignement du chant ecclésiastique. Il est plus que douteux que ce moine en soit l'auteur ; mais quoi qu'il en soit voici en quoi consistait cette méthode. Au lieu des deux tétracordes disjoints des Grecs, dont la réunion formait l'octave, loi éternelle de toute gamme rationnelle et de toute musique fondée sur des proportions naturelles, on imagina de n'avoir plus, dans le temps dont je viens de parler, qu'un héxacorde ou gamme composé de six notes : UT, RE, MI, FA, SOL, LA. Mais comme il est fort peu de mélodies renfermées dans un si petit nombre de sons, on changeait le nom des notes pour les chants qui sortaient de ces bornes étroites, et au lieu de dire, par exemple : UT, RE, MI, FA, SOL, LA, SI, UT, on disait : UT, RE, MI, FA, UT, RE, MI, FA ; en sorte que SOL en ce cas prenait le nom d'UT, LA celui de RE, SI celui de MI, et UT celui de FA, d'où il résultait que le même son avait de doubles et même de triples dénominations.

Jamais plus ingénieuse absurdité n'avait été combinée. Malgré l'incertitude que jetait dans les esprits cette bizarre conception, concernant le véritable nom des notes ; malgré les inextricables difficultés qu'y rencontraient les maîtres et les élèves, ce monstrueux système de solmisation s'établit si bien en Italie, en France, en Allemagne, en Belgique, en Espagne et en Angleterre, que pendant cinq cents ans on n'en connut pas d'autres. »

Puis, plus loin, après avoir parlé de différents essais pour introduire la solmisation avec sept syllabes, Mr Fétis ajoute:

« Nou rette, ni à cette époque — 1539 — ni à aucune autre les Italiens n'adoptèrent la solmisation avec sept syllabes; et lors-même que la tonalité eut changé, lorsque des modulations multipliées eurent augmenté à l'infini l'embarras de la méthode des hexacordes, c'était encore de celle-ci qu'ils faisaient usage. A peine y a-t-il vingt-cinq ans qu'ils ont à ce sujet des idées plus raisonnables. »

48. Aussi, selon nous, et d'après ce que vient de dire Mr Fétis: le retard que les Italiens ont mis à adopter une méthode plus rationnelle pour la solmisation, explique jusqu'à un certain point la lenteur du progrès qui s'est opéré en France dans la même science; car ayant toujours considéré ce peuple comme bien supérieur à tous les autres sous le rapport musical, nous pensions bien plus à l'imiter, qu'à contrôler les procédés qu'il employait, pour en chercher de meilleurs.

49. Il résulte de tout ce qui précède: que dès le XIème siècle, une méthode de solmisation rationnelle et d'une application facile, fut découverte et pratiquée; que peu après, la tradition de ce principe se perdit; qu'alors plusieurs systèmes plus ou moins absurdes furent pratiqués durant de longs siècles et même perpétués jusqu'à nos jours; et qu'enfin ce n'est que depuis environ une trentaine d'années seulement, que nous sommes entrés dans une voie meilleure mais imparfaite.

50. Il nous reste maintenant à exposer par quelles déductions de principes nous avons préludé à la découverte du procédé qui fait la base de notre nouvelle méthode pour l'enseignement de l'intonation, et à faire voir que ce système n'est que la reproduction et l'application à toutes les exigences de la tonalité moderne, de celui qu'inventa huit siècles auparavant le célèbre réformateur Guy d'Arezzo.

Nous ferons aussi connaître les diverses observations qui nous ont conduit logiquement à créer les procédés que nous présentons pour faire étudier la mesure; et nous espérons prouver par ces citations, d'une manière irrécusable qu'aucun théoricien avant nous, n'a su trouver une méthode à la fois plus simple, plus attrayante et plus rationnelle, ou en un mot: qui s'accordât davantage avec la nature des éléments musicaux.

Idée première

d'un nouveau procédé pour l'intonation.

51. Nous allons citer un seul fait, qui, par une suite d'analyses, nous a conduit à tout un système nouveau d'appréciation des sons.

L'expérience prouve que: Toute personne ayant de l'oreille, sans pourtant être musicienne, chantant successivement plusieurs airs d'un diapason à-peu-près égal, les entonne tous dans le ton de celui par lequel elle a débuté; quand même plusieurs d'entr'eux commencent par des sons différents.

Exemple:

Au clair de la lune &c.		tonique.
C'est le roi Dagobert &c.	qui commence par la	médiante.
Fleuve du Tage &c.		dominante.
Bon voyag' Monsieur &c.		tonique octave.

Ce fait s'accomplit facilement et cependant :

| la voix doit franchir du dernier son de l'air | { Au clair de la lune
C'est le roi Dagobert
Fleuve du Tage } | au premier son de l'air | { C'est le roi
Fleuve du
Bon voyag' } | un intervalle de | { tierce majeure
quinte majeure
octave ascendante. } |

52. Si nous analysons ce fait le plus logiquement possible, nous remarquons que :

1°. — Le fait se produit en dehors de toutes connaissance musicale ;   } il est naturel ou instinctif.

2°. — Les airs sont tous chantés dans le même ton ;   } parceque { le sentiment de l'unité tonale est inné.

3°. — Si quelques airs sortent trop du diapason de l'air précédent, le chanteur change de ton avec la conscience de ce fait * ;

4°. — Des intervalles peuvent être franchis sans qu'il y ait appréciation des distances.   } puisque { l'épreuve réussit quand même les airs à chanter commencent par des sons différents.

* Il arrive souvent que le chanteur non musicien ayant à faire entendre un air sortant du diapason de celui qui le précède, avertit qu'il va changer de ton en disant : Je vais prendre plus bas ; ou je vais prendre plus haut.

53. Mais ce problème déjà si curieux, acquiert à nos yeux une nouvelle importance lorsque ne laissant plus chanter que les seules syllabes de début de ces airs, nous avons vu qu'on les reproduisait facilement dans quel ordre de succession elles soient présentées. Ex :

au	c'est	fleu	bon	
bon	fleu	c'est	au	} représentées
fleu	c'est	bon	au	} en DO majeur
au	bon	c'est	fleu	} par les notes
c'est	bon	au	fleu	

54. Alors renversant le problème et supposant qu'au lieu d'avoir à chanter les diverses combinaisons des syllabes : au bon c'est fleu l'on avait à faire entendre dans un ton quelconque : DO, par exemple, le mélange varié des notes nous avons remarqué que pour arriver à une bonne solution, il suffisait de savoir :

que se chante comme { au c'est fleu bon } ou bien : que { au c'est fleu bon } est type de

De sorte que :

pour chanter les notes il suffisait de penser aux syllabes { au fleu c'est bon
bon fleu c'est bon
c'est fleu bon au
bon au c'est fleu }

55. C'est par de semblables analyses que nous avons été conduit à comprendre :

    1° — Que chaque note d'une mélodie quelconque pourrait être reconnue ou appréciée par son effet, son caractère, sa propriété tonale, indépendamment de la distance qui le sépare du son précédent.

    2° — Que cet effet, ce caractère, cette propriété tonale de chaque note du ton pourrait être mémorisé par un type appliqué spécialement à chacune d'elles.

    3° — Qu'alors chaque note qui s'offrirait à la vue du chanteur, réveillerait instantanément l'idée du type qui aurait été attaché à chaque son comme étiquette tonale particulière.

56. Enfin nous avions reconnu la possibilité de mettre en pratique un procédé d'intonation dont s'aident à leur insu tous les chanteurs, sans même s'en rendre compte. En effet il est prouvé pour tout musicien : que c'est moins l'appréciation des intervalles que le sentiment intuitif du sens tonal des notes de la gamme qui dirige le chanteur expérimenté dans un grand nombre de cas ; tels que, par ex :

    L'attaque après certains silences plus ou moins longs.

    Certaines notes dans quelques accords dissonants.

    Certaines intonations dans beaucoup de transitions un peu brusques.

    Tous les passages enharmoniques &c. &c.

    Mais ce procédé il fallait le généraliser et l'étendre universellement à tout le système musical ; il fallait enfin le développer de manière à ce que :

toutes les notes	——————————	au nombre de sept.
de tous les tons	——————————	au nombre de trente.
des deux modes	——————————	majeur et mineur.
des trois genres	——————————	diatonique, chromatique et enharmonique.

eussent chacune un type ; et que surtout ces types fussent non-seulement courts et faciles à apprendre par cœur, mais encore d'une application tellement rapide, que l'idée de chacun d'eux fut instantanément éveillée à la vue de la note à laquelle il aurait été appliqué.

    Voilà les faits qui nous suggérèrent l'idée première de la nouvelle méthode d'intonation que nous présentons ; voici maintenant les observations qui, tout en nous faisant douter de la valeur des procédés de mesure employés aujourd'hui, nous ont logiquement conduits à la recherche de moyens nouveaux plus rationnels.

Idée première
d'un nouveau procédé pour la mesure.

57.   — Série d'observations qui nous a conduit au principe rationnel sur lequel notre système de mesure est basé.

1ʳᵉ Observation.

<table>
<tr><td>Un militaire dont une marche guerrière ou seulement le rhythme du tambour dirige le pas, lève instinctivement le pied sur la division faible des temps, pour l'abaisser ensuite sur la division forte.</td><td>donc : toute note faible semble marquer un point de départ et toute note forte un point d'arrivée.</td></tr>
</table>

Observation.

Tout pianiste improvisant, sans pourtant connaître les règles de l'harmonie, place instinctivement la généralité des accords dissonants, sur les notes faibles et les accords consonants sur les notes fortes.

OR : comme tout accord dissonant semble obéir à une sorte de puissance attractive qu'exerce sur lui, par son imposante placidité, l'accord consonant qui le suit et sur lequel il fait sa résolution : nous reconnaissons qu'il y a connexité entre toute note faible et la note forte qui la suit.

Observation.

Toute personne, sans connaître l'art de la déclamation, en lisant ou récitant un morceau de littérature quelconque, établit instinctivement une liaison : des syllabes faibles aux syllabes fortes, et non : des syllabes fortes aux syllabes faibles.

ici : nous faisons une remarque identique à celle que nous a suggéré la 1re Observation ; c'est-à-dire : que toute syllabe faible indique un point de départ ; et toute syllabe forte un point d'arrivée. Ex :

Bien : Que la vague écu — mais terme — l'au ce — vers les — Cieux.

Mal : Que la vague — écu monte — une l'au — ce vers — les Cieux.

Observation.

Toute personne, même non musicienne, improvisant un air sur des paroles quelconque place instinctivement la généralité des notes faibles qu'elle chante, sur les syllabes faibles qu'elle prononce ; et les notes fortes, sur les syllabes fortes.

OR : comme il est impossible d'admettre que le sens rhythmique d'un passage de musique régulièrement composé, puisse être en opposition directe avec le sens prosodique des paroles sur lesquelles il a été ajouté, nous acquérons une preuve de plus : Que les notes faibles ont un sens lié aux notes fortes qui les suivent.

ne pouvant donner d'exemple improvisé, nous citons un air pris au hasard.

Liaison des notes et syllabes faibles aux notes et syllabes fortes.

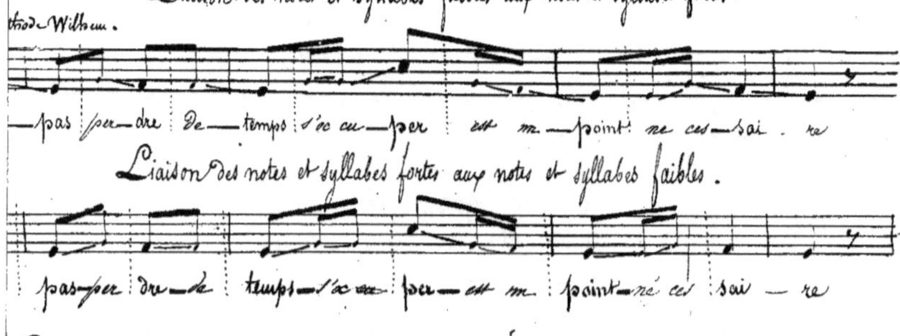

Liaison des notes et syllabes fortes aux notes et syllabes faibles.

Ces observations nous ont fait conclure : que loin d'adopter les procédés de mesure employés aujourd'hui, et qui tous, font naître chez les élèves la fausse idée que propres de chaque temps doivent pour ainsi dire : enfermer, parquer les diverses com= de notes qui les composent ; nous devrions, au contraire, créer des procédés métho= ables de développer et de fortifier davantage le sentiment inné de l'effet rhyth= l'enjambement des temps.

Méthode

de

Musique vocale élémentaire et de chant en Chœur.

Deuxième Partie.

De l'Intonation.

Chapitre Iᵉʳ

Procédés. Enseignement.

Section Iʳᵉ

Air type universel.

60. Unité de notre Méthode. — Afin de donner une idée générale de l'unité et de la simplicité qui règnent dans tous les procédés de notre Méthode, nous dirons de suite : qu'un air type universel y sert seul pour faire étudier et vaincre d'une manière même attrayante, toutes les difficultés de l'intonation. Cet air type universel n'est autre que l'air connu : God save the Queen, tronqué et modifié de la manière suivante.

Air type universel.

61. Étude du ton de DO naturel majeur. — Couplet mnémonique. — Les élèves de notre méthode étudient le ton de DO naturel majeur, en apprenant par cœur l'air précédent appliqué sur ce couplet mnémonique* :

> DO cile à mes leçons,
> MI ne FA rouche,
> RE ponds ? SI non !!
> SOL fégitte ignorant,
> LA che élève .... ras-t-en !

---

* Couplet que nous appellerons : Couplet-type ou simplement type ; et les cinq vers qui le composent : vers-formules ou simplement formules.

On conçoit que l'élève qui sait chanter ce couplet et qui s'est suffisamment exercé
à reproduire isolément et en les mêlant, les différents vers et demi-vers qui le composent

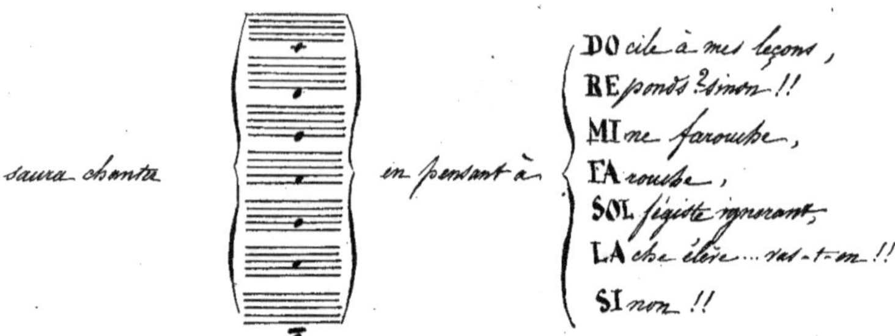

62. Le même couplet chanté une octave plus haut, sert à faire trouver les notes de
l'octave supérieure.

63. Étude du ton de **DO** mineur. — Le même air chanté en mineur
sur le même couplet sert à nos élèves pour étudier le ton de **DO** mineur. Ex :

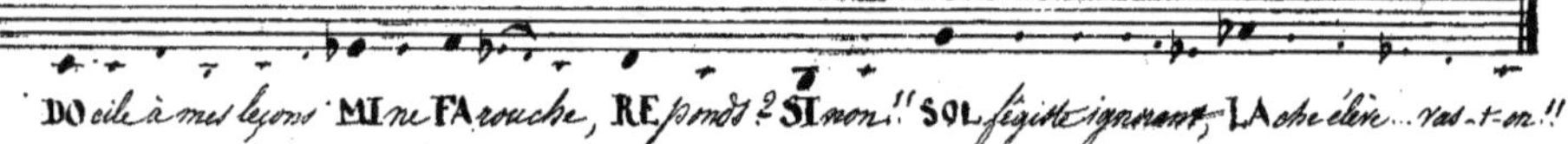

Section II.ième

Application au genre Diatonique.

64. Étude des autres tons majeurs. — Tous les autres tons majeurs sont
étudiés sur le même air transposé et chanté en majeur sur dix autres couplets commençant chacun par l'une des six notes : **RE, MI, FA, SOL, LA, SI.**

65. Étude des autres tons mineurs. — Tous les autres tons mineurs
sont étudiés sur le même air transposé et chanté en mineur sur les six mêmes
couplets.

66. Voir le tableau général des trente tons tant majeurs que mineurs, avec
les couplets-types qui enseignent chacun d'eux.

Tableau général des Couplets-types.

67. Application des vers-formules. — Lorsque les élèves se sont rendus suffisamment habiles à mêler les vers-formules dans tous les tons, et qu'ils sont capables de lire assez couramment sur la clé de SOL, ils appliquent immédiatement les vers-formules à des morceaux ou exercices quelconques non-modulés; et pour solfier à première vue ces morceaux écrits en quel ton et quel mode que ce soit et renfermant n'importe quels intervalles pris dans la même gamme, ils répètent d'abord le couplet-type du ton dans lequel il vont solfier, puis ils procèdent à l'intonation: en donnant à chaque note le son indiqué par les vers-formule dont cette note même est l'initiale; c'est-à-dire: en se laissant guider par les noms de notes pour le choix des formules. Ex.:

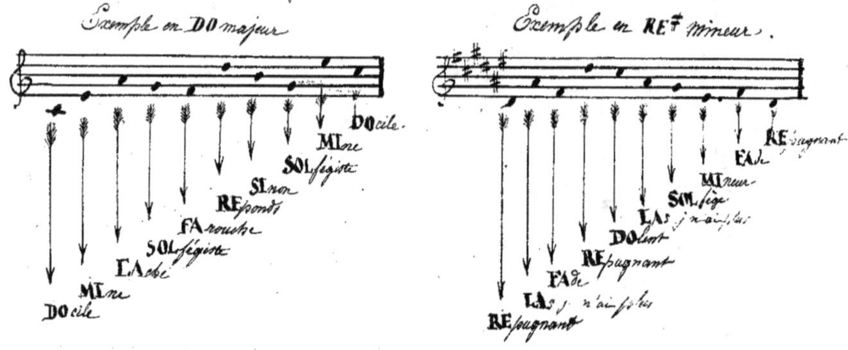

Comme on le voit, les noms de notes servent ici de puissants leviers pour aider la mémoire à trouver immédiatement la formule qui convient à chaque note que l'élève veut chanter; et cela sans hésitation ni équivoque.

68. Et que l'on ne craigne point que le changement successif des couplets-types ne produise la confusion des vers-formules de l'un avec ceux de l'autre; car l'élève qui a sans cesse présent à la pensée le sens des paroles du couplet-type dont il fait usage, ne chantera jamais, en DO par ex: DOlent, pour DOcile à mes leçons; ou bien: LAs! je n'ai plus de voix, pour LAche êtes vos-vous, parceque les mots DOlent et LAs! je n'ai plus de voix, n'ont aucune affinité de sens avec celui qui règne dans les paroles du couplet-type: DOcile à mes leçons, MIne FArouche &c.

Or, où il n'y a point d'équivoque ni effort de mémoire, il n'y a jamais d'hésitation. C'est là, peut-être, l'une des causes qui pourrait, jusqu'à un certain point faire comprendre la facilité d'intonation à laquelle parviennent si rapidement nos élèves.

Section III.ᵐᵉ
Application a la Dictée des Sons.

69. Étude des noms de notes absolus. — Les élèves de notre méthode apprennent à connaître les désignations tonales par lesquelles on spécialise d'une manière absolue les divers degrés de l'échelle majeure ou mineure, en étudiant le couplet mnémonique suivant dans les deux modes.

Note tonique
Médiant' Sous-dominant'
Sus-tonique' Sensibl'
Dominante.
Sus-Dominante.

Exemple en DO majeur.

Note tonique. Médiant. Sous-dominant. Sus-toniqu. Sensibl. Dominante. Sus-dominante.

70. **Dictée des sons — Application des noms absolus. —** Un ton quelconque étant établi, on comprend qu'en recourant à ce nouveau couplet-type nos élèves peuvent facilement reconnaître et désigner la propriété tonale absolue non-seulement de telle ou telle note qui s'offre à la vue, mais encore celle de tel ou tel son qui frappe l'oreille. Ex: en **DO** majeur.

| DO RE MI FA SOL LA SI | offert soit à la vue soit à l'oreille, est facilement reconnu pour me | tonique. Sus-tonique. Médiante. Sous-dominante. Dominante. Sus-dominante. Note Sensible. | par l'application immédiate du vers-formule | Note tonique. Sus-tonique Sensibl. Médiant S. domin. Dominante. Sus-dominante. Sensibl. |

71. **Dictée de sons. — Application des noms particuliers. —** Si l'on fait entendre isolément, c'est-à-dire une à une toutes les notes d'un air ou exercice quelconque, soit avec la voix soit avec un instrument, nos élèves peuvent facilement désigner chacune d'elles par les noms particuliers **DO**, **RE**, **MI** &c. dans n'importe quel couplet-type, en rattachant à chaque note vocalisée ou jouée, le vers-formule qui lui est spécial. Ex: en **DO** majeur.

| Le ton **DO** majeur étant établi, le son de | DO RE MI FA SOL LA SI | vocalisé ou joué, est facilement reconnu par l'application immédiate du vers-formule | DOcile à mes leçons. REponds ? sinon !! MIne farouche, FArouche. SOL fégiste ignorant — LAsse élève.... vat-t-en ! SInon !! | qui lui est spécial. |

Section IV.ème

Application aux Modulations.

72. **Etudes préparatoires. —** Afin que le mécanisme des modulations devienne, pour nos élèves, aussi évident et aussi facile que possible, ils doivent préalablement apprendre à connaître :

1.ᵉ — Le solfège des sept couplets-types.

2.ᵉ — Les formes variées que nous avons donné aux notes pour désigner, durant les premiers exercices de modulation Seulement, les changements de propriété absolue que subissent les notes à chaque transition.

73. *Étude du solfège des couplets-types. —* Voir en regard des couplets avec paroles les couplets avec noms de notes qu'il faut leur substituer. Cette disposition permet de comparer les nouveaux couplets aux anciens, facilite leur étude.

DO cile à mes leçons   DO do ré si do si   FA vori des salons,   FA fa sol mi fa sol
MI me l'Arouche,   MI mi FA mi ré do   L'A droit Cyrille,   LA la SI la sol fa
RE pond SI non !!!   RE do SI do   SOL dat MI gnon,   SOL fa MI fa
SOL figiste ignorant,   SOL sol sol sol fa mi   DO mine et sans talent   DO do do do si la
LA che bleu... vas-t-en !   LA sol fa mi ré do.   RE ussit aisément.   RE do si la sol fa

RE pugnant à chanter   RE re mi do ré mi   SOL fertile où j'avais   SOL sol la fa sol la
FA de SOL fège   FA fa SOL fa mi ré   SI beau DO maine,   SI si DO si la sol
MI neur DO lent   MI ré DO ré   L'Arrêt FA tal   LA sol FA sol
LA s! je n'ai plus de voix   LA la la la sol fa   RE serve à tes enfants   RE ré ré ré do si
SI tôt que je te vois !   SI la sol fa mi ré   MI sère et longs tourments,   MI re do si la sol

MI nuit somme... il le faut !   MI mi fa ré mi fa   LA fièvre des combats   LA la si sol la si
SOL dons LA carte...   SOL sol LA sol fa mi   D'HO nneur RE volte   DO do RE do si la
FA cheux RE veil !   FA mi RE mi   SI le SOL dat   SI la SOL la
SI gnal de mes revers   SI si si si la sol   MI traille sans égards   MI mi mi mi ré do
DO mine tu me perds !   DO si la sol fa mi   FE mmes, enfants et vieillards,   FA mi ré do si la

SI tuée près d'ici   SI si do la si do
RE gne et MI naude,   RE ré MI ré do si
DO mant LA loi   DO si LA si
FE mme qui fait souvent   FA fa fa fa mi ré
SOL écrire en parlant.   SOL fa mi ré do si

Vos élèves achèvent d'apprendre à solfier les sept types en les chantant sur les portées suivantes.

74. Comme on le voit, et ainsi que les élèves l'ont bientôt remarqué eux-mêmes, les cinq premières formules offrent à l'œil, sur la portée, à peu près ces figures :

et les deux derniers vers, celles-ci :

75. Étude des signes de sons absolus. — Cette observation nous a naturellement inspiré l'idée des signes

la { tonique / sus-tonique / médiante / sous-dominante / dominante / sus-dominante / note sensible } par cette forme de note { … }

Ces signes sont d'autant meilleurs : qu'ils sont faciles à retenir : n'étant point arbitraires ; et que chacun d'eux indique en même temps, par sa propre forme : et la propriété absolue, particulière à chaque note, et la formule qui se rattache spécialement à chacune d'elles.

76. Étude des modulations en général. — Les élèves de notre méthode étudient le passage d'un ton donné à un autre quelconque : ou s'exerçant à solfier, ou les mêlant, les ... formules de l'un de ces tons avec ceux de l'autre.

77. Modulation particulière à la dominante. — Étude de la modulation de DO majeur en SOL majeur, et retour. — C'est sur la portée suivante où sont écrits les unes sous les autres et avec les signes de sons absolus, les initiales de toutes les formules du ton de DO majeur et du SOL majeur, que nos élèves s'exercent à passer méthodiquement du premier de ces tons au second ; et vice versa :

1° — En commençant par solfier la première formule de l'un de ces tons, après la première de l'autre ; la deuxième formule de l'un, après la deuxième de l'autre ; et ainsi successivement et alternativement jusqu'à la fin.

2° — En mêlant alternativement, et en quel ordre de succession que ce soit, les formules de ces deux tons, en insistant particulièrement sur les formules transitionnelles :

78. Tableau général des modulations ordinaires. — Voici les deux ... du tableau sur lequel nos élèves apprennent méthodiquement à vaincre les difficultés qu'offrent les modulations les plus usitées ; savoir :

partant d'un ton majeur : la modulation { à la { Dominante / Sous-dominante } au { Mineur relatif / mineur même tonique } }

partant d'un ton mineur : la modulation { au { Majeur relatif / Majeur même tonique } }

Exercices sur les modulations.

Section Vème

Application au genre chromatique.

79. **Étude de la gamme chromatique ascendante de DO.** — Les élèves de notre méthode étudient la gamme chromatique ascendante de DO en apprenant à mêler les formules du type de DO majeur modifié ainsi qu'il suit:

Type chromatique de DO.

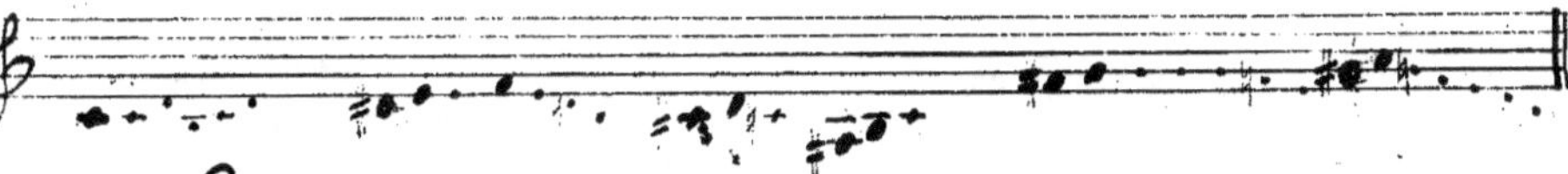

80. **Étude des autres gammes chromatiques ascendantes.** — Toutes les autres gammes chromatiques ascendantes sont étudiées sur leurs types spéciaux ainsi modifiés.

81. **Étude de la gamme chromatique descendante de DO.** — Nos élèves étudient la gamme chromatique descendante de DO en apprenant à mêler les formules du type de DO majeur avec celles de DO mineur ainsi modifiées:

Type chromatique de DO.

82. **Étude des autres gammes chromatiques descendantes.** — Toutes les autres gammes chromatiques descendantes sont étudiées sur leurs types spéciaux ainsi modifiés.

Nota. — Pour amener les élèves à chanter facilement ces formules modifiées, nous les préparons à cette étude en leur faisant chanter les types de cette manière d'abord.

83. Tableau général des types chromatiques ascendants.

Voici les deux faces du tableau sur lequel nos élèves apprennent à vaincre les difficultés qu'offrent les passages chromatiques ascendants; ainsi que les notes élevées d'une manière passagère.

84. Tableau général des types chromatiques descendants.

Voici les deux faces du tableau sur lequel nos élèves apprennent à vaincre les difficultés qu'offrent les passages chromatiques descendants, ainsi que les notes baissées d'une manière passagère.

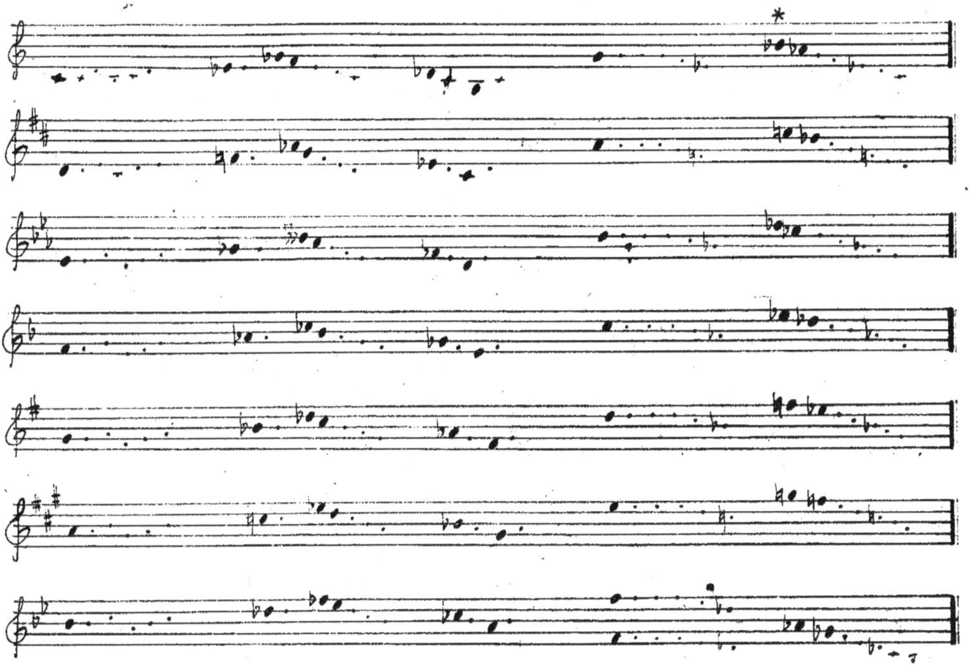

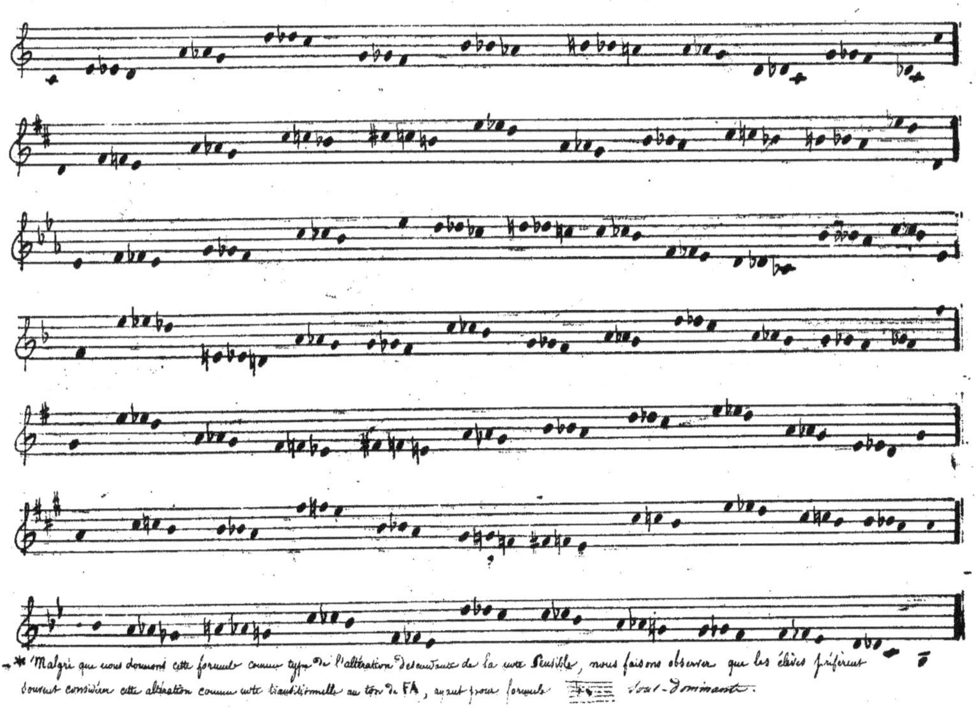

*

** Malgré que nous donnons cette formule comme type de l'altération descendante de la note sensible, nous faisons observer que les élèves préfèrent souvent considérer cette altération comme note transitionnelle au ton de FA, ayant pour formule sous-dominante.

Section VI.ᵐᵉ
Application au genre enharmonique.

85. Étude des transitions enharmoniques en général. — Nos élèves étudient une transition enharmonique quelconque en s'exerçant à solfier, en les mêlant, les formules des types auxquels appartiennent chacune des deux notes qui font une enharmonie.

86. Étude particulière de l'enharmonie SOL♯ — LA♭, modulation de LA mineur en DO mineur. — C'est sur la portée suivante où sont écrites les unes sous les autres et avec les signes de tons absolus, les initiales des formules des types de LA mineur et de DO mineur, que nos élèves étudient méthodiquement la modulation de LA mineur en DO mineur et vice versa, formée par l'enharmonie SOL♯ LA♭. 

1.° — En commençant par solfier la première formule de l'un de ces tons, puis la première de l'autre; la deuxième formule de l'un, après la deuxième de l'autre; et ainsi successivement et alternativement jusqu'à la fin.

2.° — En mêlant alternativement et en quel ordre de succession que ce soit, les formules de ces deux tons; en insistant particulièrement sur les deux formules qui constituent l'enharmonie.

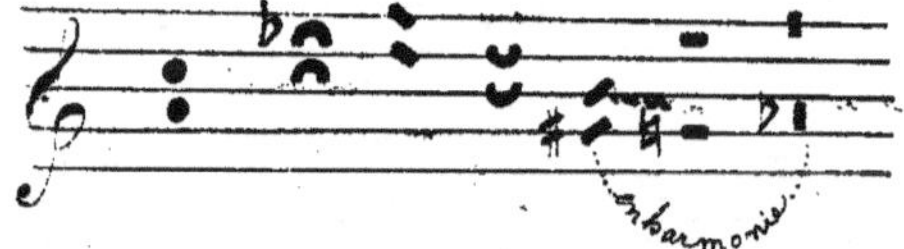

87. Tableau des transitions enharmoniques les plus faciles à chanter. — Voici le tableau sur lequel nos élèves s'exercent méthodiquement à chanter les passages enharmoniques les plus faciles à comprendre.

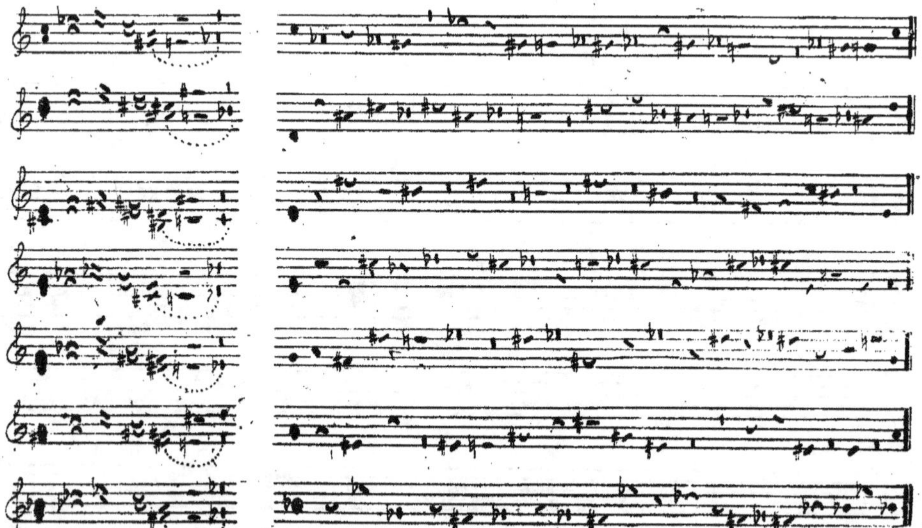

Nota. Souvent l'incompatibilité des deux tons que lie une enharmonie, est un obstacle à ce que l'on puisse chanter les types reliés des deux gammes formule par formule. Nos élèves étudient ces transitions en ne chantant seulement que les deux formules qui sont enharmoniques.

Chapitre II.ᵐᵉ
Conclusion.

88.   En résumant l'ensemble des avantages inhérents à nos procédés d'intonation, il ressort cette observation bien remarquable : C'est que là précisément, où les moyens employés de nos jours laissent voir sept principaux vices, notre méthode, au contraire, présente les sept précieuses qualités qui sont diamétralement opposées à ces défauts.

Vices des procédés d'intonation employés de nos jours.	**Avantages** des procédés d'intonation employés par nos élèves.
1ᵉʳ Vice — Difficulté et lenteur d'application des moyens adoptés.	1ᵉʳ Avantage — Facilité et rapidité d'emploi de nos procédés.
2ème Vice — Leur impuissance.	2ème Avantage — Leur virtualité si fruistante : que nos élèves peuvent, dès les premières leçons, s'exercer seuls.
3ème Vice — Leur défaut de généralisation.	3ème Avantage — L'universalité de leur application.
4ème Vice — La dépendance solidaire de toutes les notes d'un morceau. Ce vice est lui-même la source radicale d'erreurs successives et indéfinies, dérivées d'une première faute ; et de l'impossibilité de retour à la tonalité que l'on a perdue, au moyen d'un procédé méthodique, et autrement que par l'oreille, le souvenir ou le hasard.	4ème Avantage — L'indépendance relative dans laquelle se trouvent, par l'emploi de notre système, toutes les notes d'un morceau ; avantage qui permet à nos élèves de se remettre immédiatement dans la tonalité, sur la note qui suit une fausse intonation.
5ème Vice — La diminution rapide de l'habileté d'exécution en cas de cessation d'exercice.	5ème Avantage — L'empreinte durable que laissent dans la mémoire, les formules mnémoniques dont nos élèves font usage.
6ème Vice — Le manque de contrôle ou de point de comparaison pour vérifier la justesse des sons.	6ème Avantage — La possession d'un Criterium de l'intonation, qui avertit et fait juger de la justesse de chaque note, par son propre effet tonal.
7ème Vice — L'aridité de ces procédés, qui inspire tant d'ennui et de découragement, qu'ils rebutent les sept huitièmes des commençants.	7ème Avantage — L'attrait de nos moyens d'enseignement qui soutient constamment le zèle des élèves tout en leur cachant les difficultés.

Nous considérons encore comme une chose avantageuse, la propriété que possèdent nos formules, d'indiquer le mouvement ascendant, descendant ou la répétition du même degré, que nécessite, dans chaque partie d'un morceau d'ensemble, la résolution régulière des accords dissonants sans prolongation. Ex:

Mouvement des parties indiqué par les formules.

Méthode
de
Musique vocale élémentaire et de chant en chœur.

Troisième Partie.
de la Mesure.

Chapitre Ier
Procédés. Enseignement.

Section Ière
Application aux mesures Simples (à division binaire)

89. Comme il est toujours bon, pour enseigner une chose compliquée, de se servir, pour la démonstration, des signes les plus clairs et les plus simples, avant même de faire connaître les caractères que l'usage emploie, lorsque ceux-ci sont obscurs et amphibologiques, nous avons écrit les premiers exercices de mesure d'après le système de notation inventé par le célèbre Galin; système si ingénieux, si parfait et si bien parlant aux yeux qu'il suffit de le soumettre aux élèves, pour qu'il soit compris par eux, pour ainsi dire. sans explications.

Signes de durées inventés par Galin — Voici les signes de durées inventés par Galin, et la définition de chacun d'eux donnée par lui-même : ♪ (unité articulée) . (unité de prolongation) o (unité de silence.)

"1° Tout signe isolé représente l'unité de temps. 2° Les différentes parties de l'unité sont toujours réunies en un seul groupe, et un groupe quelconque contient toujours les diverses parties de l'unité : jamais plus, jamais moins."

90. Tableau général des combinaisons de valeurs les plus usitées dans les mesures Simples. — Pour lire en mesure le tableau suivant, qui offre à l'étude les combinaisons rhythmiques plus ou moins usitées dans les mesures simples, nos élèves battent les temps de la mesure avec la main droite, et les divisions primordiales ou binaires, avec la main gauche ; c'est-à-dire qu'ils exécutent deux mouvements de la main gauche, tandis que la droite n'en exécute qu'un; puis ils articulent 1° — Le chiffre 2, sur toutes les notes qui commencent un temps; c'est-à-dire qui correspondent aux battements exécutés des deux mains simultanément.

2° — Le chiffre 1, sur toutes les notes qui commencent au milieu d'un temps, c'est-à-dire qui correspondent aux battements isolés de la main gauche.

3° — L'articulation ce, sur toutes les notes qui ne commencent ni à un temps ni à un demi temps; c'est à-dire qui ne correspondent à aucun battement.

Pour le point de prolongation*, nos élèves prolongent l'articulation qui le précède.

Pour le zéro, ils battent la mesure sans rien articuler ni prolonger.

* Que nous n'employons jamais que pour prolonger un son; ainsi que M^r. E. Chevé l'a imaginé.

Section II.ème

Application aux mesures composées. (à division ternaire)

91. Tableau général des valeurs les plus usitées dans les mesures composées. —

Pour lire en mesure le tableau suivant, qui offre à l'étude les combinaisons rhythmiques plus ou moins usitées, nos élèves battent les temps de la mesure avec la main droite, et les divisions primordiales ou ternaires avec la main gauche ; c'est-à-dire qu'ils exécutent trois battements avec la main gauche, tandis que la droite n'en exécute qu'un ; puis ils articulent : 1°— Le chiffre 3 sur toutes les notes qui commencent un temps ; c'est-à-dire qui correspondent aux battements exécutés des deux mains simultanément.

2°— Le chiffre 1 sur toutes les notes qui commencent au second tiers de temps ; c'est-à-dire qui correspondent aux premiers battements isolés de la main gauche.

3°— Le chiffre 2 sur toutes les notes qui commencent au troisième tiers de temps ; c'est-à-dire qui correspondent aux seconds battements isolés de la main gauche.

4°— L'articulation Ce sur toutes les notes qui ne commencent ni un temps, ni un tiers de temps quelconque, c'est-à-dire qui ne correspondent à aucun battement.

Pour le point de prolongation, nos élèves le font sentir en prolongeant l'articulation qui le précède.

Pour le Zéro, ils battent la mesure sans rien articuler ni prolonger.

Section III.ème

Application a la dictée des Durées.

92. Si l'on dicte, mesure par mesure, et en le rhythmant, un exercice quelconque, nos élèves peuvent facilement en désigner les différentes combinaisons de valeurs, en appliquant aussitôt à chaque dictée, les dénominations rhythmiques au moyen desquelles ils ont appris à lire en mesure.

Chapitre II.
Conclusion.

93. Les dénominations rhythmiques employées par nos élèves, sont non-seulement simples et peu nombreuses, mais, de plus, elles sont éminemment rationnelles ; en effet :

1° — Elles indiquent l'essence binaire ou ternaire du temps.

1° L'essence binaire, par le chiffre 2 prononcé sur chaque note qui commence un temps dans les mesures simples. Exemple.

2° — L'essence ternaire, par le chiffre 3 prononcé sur chaque note qui commence un temps dans les mesures composées. Exemple.

2° — Elles font sortir la liaison qui existe : des notes faibles aux notes fortes qui les suivent.

Mesures Simples.

1° La liaison des demi-temps faibles aux demi-temps forts : par le chiffre 1 retombant sur le chiffre 2. Ex.

3° La liaison des tiers de demi-temps faibles aux tiers de demi-temps forts : par xx retombant sur 1 ou sur 2.

2° La liaison des quarts de temps faibles aux quarts de temps forts : par le x (ce) retombant sur 1 ou sur 2.

4° La liaison des huitièmes de temps faibles aux huitièmes de temps forts : par xxx retombant sur 1 ou sur 2.

Mesures composées.

5° La liaison des tiers de temps faibles aux tiers de temps forts : par 1 2 retombant sur 3.

7° La liaison des tiers de tiers de temps faibles aux tiers de tiers de temps forts : par xx retombant sur 1 sur 2 ou sur 3.

6° La liaison des deux-tiers de temps faibles aux deux-tiers de temps forts : par x retombant sur 1 sur 2 ou sur 3.

8° La liaison des douzièmes de temps faibles aux douzièmes de temps forts : par xxx retombant sur 1 sur 2 ou sur 3.

Fine

www.ingramcontent.com/pod-product-compliance
Lightning Source LLC
LaVergne TN
LVHW020623180726
843502LV00006B/1835